ウーマン・
イン・バトル

自由・平等・シスターフッド！

マルタ・ブレーン 文
イェニー・ヨルダル 絵
枇谷 玲子 訳

合同出版

KVINNER I KAMP
150 ÅRS KAMP FOR FRIHET, LIKHET, SØSTERSKAP

BY MARTA BREEN, JENNY JORDAHL

JAPANESE TRANSLATION RIGHTS ARRANGED WITH CAPPELEN DAMM AS, OSLO
THROUGH TUTTLE-MORI AGENCY, INC.

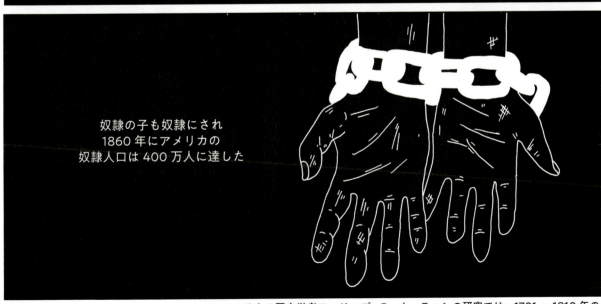

＊地下鉄道：奴隷解放運動の組織の名称「Underground Railroad」

タブマンは逃亡計画を立てた

逃亡は夜中に極秘で決行された

タブマンは何百人もの奴隷を自由へと導いた

いいから先へ進みなさい。さもなければ命はないよ！

途中、パニックに陥って農園に戻ろうとする人を銃で脅して止めたりした

指名手配

「ブラック・モーゼ」＊＊
ハリエット・タブマン
$40,000

タブマンには高額な懸賞金がかけられた

＊＊ブラックモーゼ：旧約聖書のモーゼの「出エジプト」の実績になぞらえた呼び名。

でも決して捕まりはしなかった

三つの権利

教育を受け、
職を持ち、自分で
お金を稼ぐ機会を
得る権利

参政権

身体の
自己決定権

この時代を代表する思想家の一人は、哲学者のルソーだ

人権と民主主義に関わるその思想は、1789年のフランス革命のきっかけとなった

ジャン゠ジャック・ルソー
（1712～1778年）

ルソーは急進的な教育思想の持ち主だった
代表作『エミール』では、それまでの権威主義的な学校を批判した

オホン！

ルソーは女の子と男の子は違った育て方をするべきとも書いた——女性と男性は本質的に異なるとも

両性は互いに補い合う。男性が活動的でたくましいのに対し、女性は受け身でか弱い。女性は感情を重んじるのに対し男性は理性を重んじる

ルソーは
女の子は将来、男性のサポート役という
人生で最も重要な役目を
果たせるよう準備するべきだと言う

女性は男性をいたわり、
彼らに愛され、尊ばれ、
わが子を保育し、
成人になるまで世話をし、
助言し、慰め、その生活を
快適に整えるのだ

それらはいかなる時代も
女性たちの義務で、
子どもの頃から
学ぶべきことだ！

ドイツの哲学者カントと
ヘーゲルは、ルソーの
女性が劣っているという
見解に完全に同意した

その通り！

しかし彼女の闘いは
喜ばしいことに英国の作家で哲学者の
メアリ・ウルストンクラフトによって
引き継がれた

ウルストンクラフトは、初めての著書
『娘たちの教育についての考え』（1787年）
を書いた時、ロンドンで女学校を開き
運営していた

5年後、彼女の
古典的名作
『女性の権利の擁護』
が出版された

この書で彼女は
ルソーの
「女性の本質」
という観念を
非難した

愚かな人！

女の子は学問や政治よりも
美容や刺しゅうに
関心を持つよう
仕向けられている

男女が平等に教育を
受けられるようになれば、
社会全体がよくなる

教育を受けることで、女性は
より社会に寄与できるし

夫の
面白い話し相手にも
なれる

19世紀の終わり
世界の各地で生まれた女性団体が
女性の教育と職業参加を求める運動を
開始した

さらに新たな職業の門戸が
女性に開かれた

多くの女性労働者が
社会というピラミッドの
底辺に置かれた

男性の同僚より賃金は低く
権限もかぎられていた

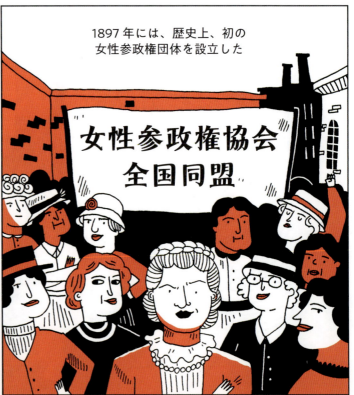

とりわけイギリス人主婦
エメリン・パンクハーストの怒りは激しかった

控え目に訴えても、どうにもならないなら
過激な手段に訴えるしかないと考えたのだ

彼女が結成した
サフラジェット*という
グループはすぐに頭角を
現わした

娘のシルヴィア
クリスタベル
アデラも
サフラジェットに
加わった

シルヴィア

クリスタベル

アデラ

＊「サフラージェ（Suffrage）」は英語で参政権という意味。サフラジェットは参政権を求める人を意味する。

特に、男性だけしか足を踏み入れられない場所が狙われた

当時、大半のゴルフクラブは女性のプレイを禁じていた

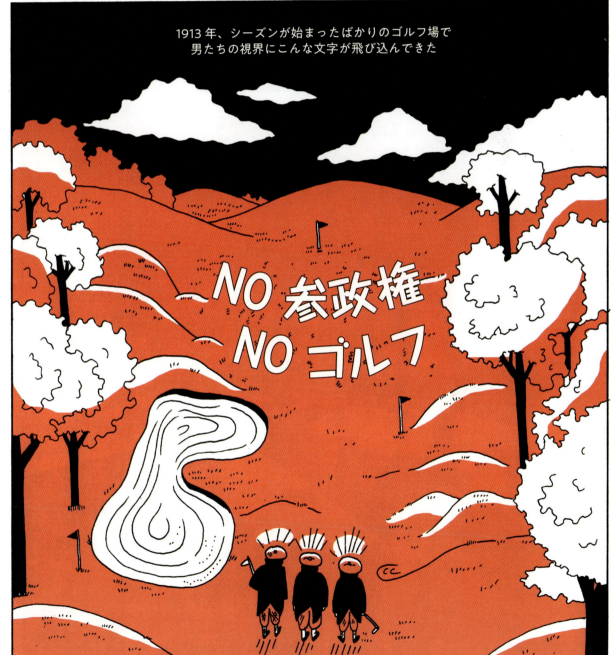

1913年、シーズンが始まったばかりのゴルフ場で男たちの視界にこんな文字が飛び込んできた

NO 参政権
NO ゴルフ

サフラジェットが行なった破壊活動で最も有名なのは
後にイギリス首相となる
デビッド・ロイド・ジョージ邸の爆破事件だろう

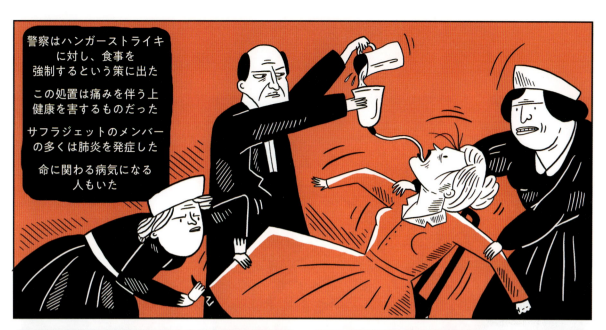

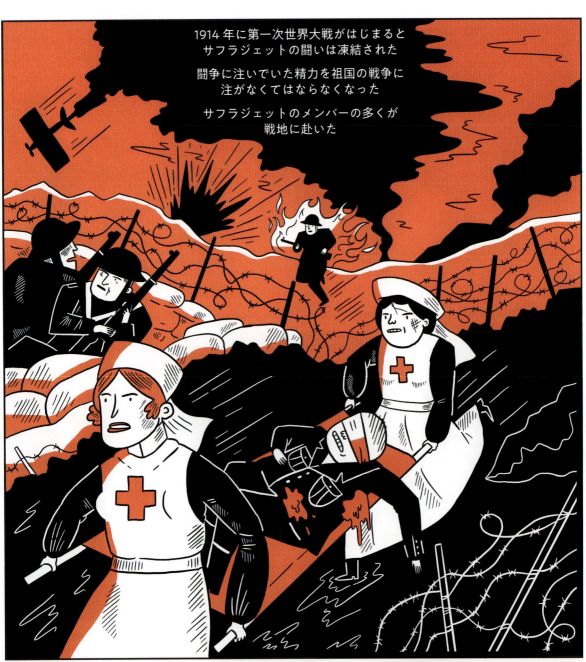

男たちが戦地に出払っている間
女性たちが国内で労働の大半を引き受けた

看護師や救急救命士として働く女性も多かった

世界で初めて女性が年齢以外の制約を受けずに
参政権を得たのは、ニュージーランド

ヨーロッパで一番早かったのは
フィンランドだった*

＊日本の女性参政権獲得は1945年。

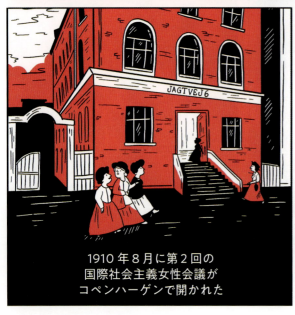

＊ローザ・ルクセンブルク：1871〜1919年。ポーランド生まれ。ドイツで活動したマルクス主義の政治理論家、哲学者、革命家。ドイツ共産党の創設者。

＊カール・リープクネヒト：1871〜1919年。ドイツの政治家で共産主義者。

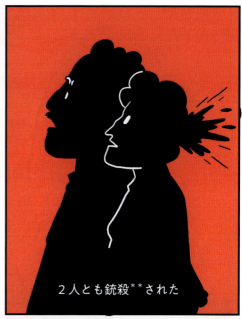

＊＊ローザ・ルクセンブルクは銃で頭を殴られた後、頭を撃たれたとされる。

クララ・ツェトキンは
ナチスの追跡を逃れ
亡命先のロシアで
76年の生涯を閉じるまで
平和と社会主義のために
闘い続けた

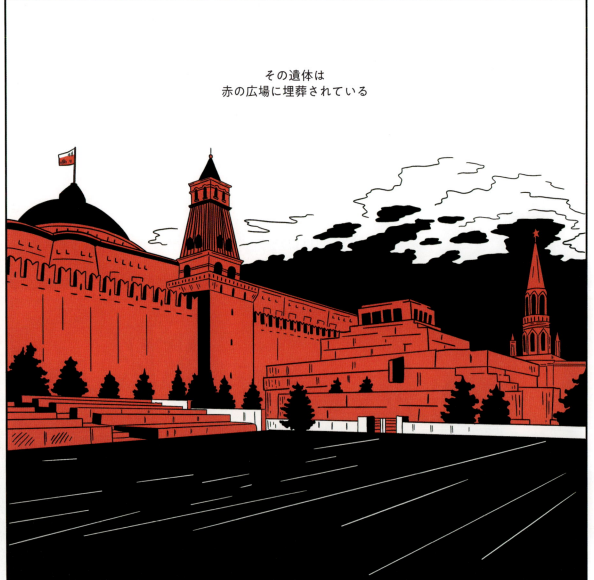

その遺体は
赤の広場に埋葬されている

女性の身体を めぐる闘い

自分の身体をコントロール
できるようにならないかぎり、
女性は自由とはいえない

＊マーガレット・ヒギンズ・サンガー：1879 〜 1966年。アメリカの産児制限（受胎調節）活動家。「アメリカ産児制限連盟」の創設者。

＊＊ドルシェバッグ：ノズル付きの膣洗浄器

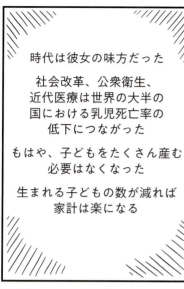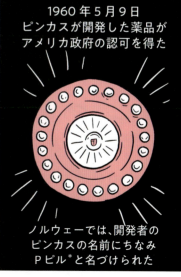

ピルは1960年代の「性の革命」を
主導した

かぎ針は、
もうイヤ。
悪しき記憶
とはもう
さよ
なら！

1900年代の初めから終わりごろまで、世界の大半の国で中絶は厳しく禁じられていた

強姦され妊娠してしまったとしても

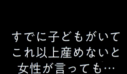

すでに子どもがいてこれ以上産めないと女性が言っても…

未婚の親になるのは大きな恥とされていた

「婚外子」は社会における権利がひどく制限されていた

シングルマザーは貧しい暮らしを送らざるをえなかった

そのため女性が自らの手で堕胎しようとすることは珍しくなかった

中には非合法の診療所を訪ねる女性もいた

「産婆」を訪ねる女性もいた

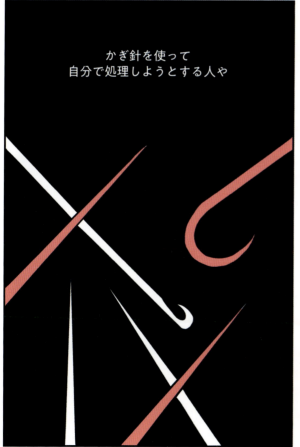

かぎ針を使って自分で処理しようとする人や

階段からわざと落ちる人もいた

ヨーロッパのある国では、特別な場合のみ堕胎が許された

その場合なぜ堕胎したいのかの理由を委員会の前で説明しなくてはならなかった

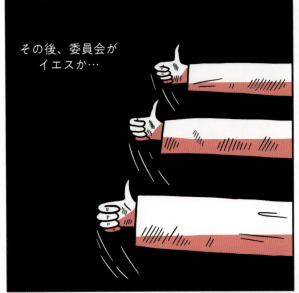

その後、委員会がイエスか…

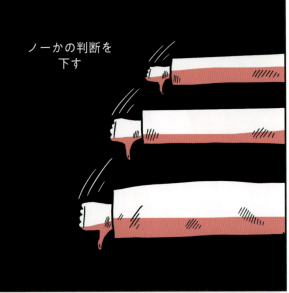

ノーかの判断を下す

1973年、アメリカでは堕胎するかどうかを女性が決められる権利を保証する法律が制定された

テキサス州ダラス出身のノーマ・マコービーが21歳の時、3人目の子どもを妊娠したことが、この法律が制定されるきっかけになった

1973年の判決は
世界で大きな注目を浴びた

この判決の翌年から
ヨーロッパ各国で
多くの人たちが
堕胎の権利を勝ち取った

しかし議論はそこで
終わらなかった

アメリカの世論が
真っ二つに分かれたのだ

大勢は堕胎に反対で
考えうるさまざまな
方法で法律に反対した

1976年、アメリカで初めてできた
堕胎施設が放火された

その後も次々と堕胎施設が
爆破された

従業員8人が命を奪われ
他にも10人が危うく
殺されかけた

1970年代の女性運動は「第2波フェミニズム」と呼ばれる。1990年代には、多様性と個人の自由により重きをおいた「第3波フェミニズム」が訪れた

1970年代に、握りしめた拳の
シンボルマークが、女性運動の
象徴として使われるようになった

参政権を求め女性が団結してからの80年の間に、世界各国で女性のリーダーが次々と生まれた

彼女はシリマヴォ・バンダラナイケ 1960年にスリランカの首相になった

お次はインディラ・ガンディー。1966年にインドの首相に就任した

ゴルダ・メイアは1969年、イスラエルの首相になった

現在までに
さまざまな国で
女性リーダーが
誕生している

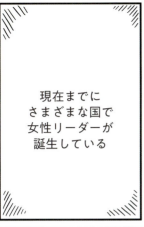
1974年 アルゼンチン——
イサベル・ペロン大統領

1979年 イギリス——
マーガレット・サッチャー首相

1980年 アイスランド——
ヴィグディス・
フィンボガドッティル大統領

1981年 ノルウェー——
グロ・ハーレム・
ブルントラント首相

1988年 パキスタン——
ベーナズィール・ブットー
首相

1990年 アイルランド——
メアリー・ロビンソン
大統領

1992年 ポーランド——
ハンナ・スホツカ首相

1993年 トルコ——
タンス・チルレル首相

2005年 ドイツ——
アンゲラ・メルケル首相

2005年 リベリア——
エレン・ジョンソン・
サーリーフ大統領

2010年 オーストラリア——
ジュリア・ギラード首相

2011年 ブラジル——
ジルマ・ルセフ大統領

2011年 デンマーク——
ヘレ・トーニング＝
シュミット首相

しかし国の指導者が女性の国は
いまだ10％に満たない

ロシア、アメリカ、フランス、中国、
スウェーデンといった国ぐには、
今でも女性が国のリーダーになった
ことはない*

*日本でも、まだ女性首相は誕生していない。

＊国連では、世界人権宣言や各種の国際人権法に基づいて、同性愛者を含むすべての性的マイノリティーへの暴力や差別を禁じ、人権を擁護する法的義務を各国が負うとしている。

*プライド運動：毎年６月をセクシュアル・マイノリティの人びとが、それぞれの性自認や性志向への"誇り"を表現するプライド月間とし、パレードや様々なイベントが世界各地で開催されている。

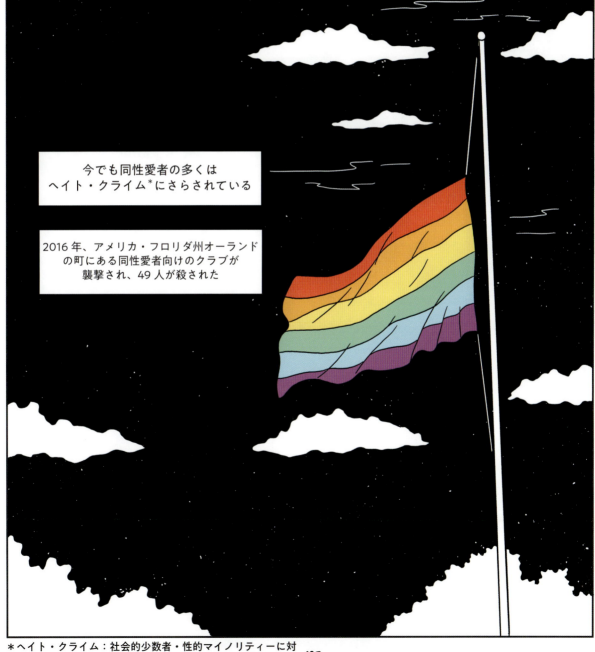

＊ヘイト・クライム：社会的少数者・性的マイノリティーに対する偏見や憎しみなどにより行なわれる暴力などの犯罪行為。

マララは どいつだ？

*タリバン：アフガニスタンを本拠地とする
イスラム・スンニ派の過激組織。

タリバンは地域の女学校を破壊し燃やした

マララはやがて故郷の村に起きた出来事をブログに書き始めた

タリバンのやり口を批判し女の子が学校に行く権利を訴えた

彼女の日記はBBCテレビのウェブサイトで公開された

名前は伏せられていたにもかかわらず、タリバンに気づかれ脅迫された

2012年の10月のある日タリバンの支配地域外にある女学校からの帰りのバスにマララは乗っていた

バスはタリバンたちにより止められた

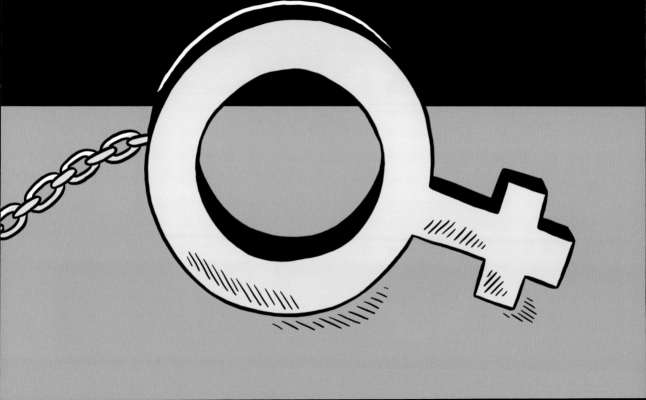

150 年前、女性と男性はまったく別の人生を送っていた。
女性は投票をすることも、自分でお金を稼ぐことも許されなかった。
自らの身体に対する決定権も、完全には持たなかった。

ところが女性が連帯し始めたことで、変化が起きだした。

この本では作家のマルタ・ブレーンとイラストレーターのイェニー・
ヨルダルが、女性運動における数々のドラマティックな闘いを語る。
これらの闘いは、現代の私たちをも魅了し、ヒントとなることだろう。

【解題】少女と女性たちに手渡していきたい本

牟田和恵（大阪大学　ジェンダー論）

北欧の女の子たちが羨ましい！

本書には19世紀半ば以来の、権利獲得を求める女性たちの運動が色鮮やかなマンガとして描かれている。ノルウェー語原書や英語版は児童向け国際文学賞に選出されているそうなので、実際に多くの少女たちに読まれているはず。

地域によって教育のシステムは多様だが、どこの国でも世界の歴史や政治経済の仕組みなどを学ぶのは日本の中学校レベル以降だろう。北欧の少女たちは学校で学ぶ前に、この本で、女性たちが「自由と平等とシスターフッド」を求めて闘ってきた歴史を学ぶことができるのだ。

このことの意味は本当に大きい。

自由や平等、基本的人権、参政権や財産権、教育を受ける権利などはどれも現代の民主主義国家では保障されて当然のもの。でも日本に比べて男女平等の進んだ北欧であっても、まだまだ女性に対する差別や女の子に立ちはだかる壁は皆無ではないはず。

そのとき、自由や平等が女性たちには無い時代があって、その獲得のためにどれほど苦しみ、どのように闘ってきたのか、その歴史を楽しく学ぶことができていれば、自分がいま経験しているおかしさの意味や、自由や平等の価値がよりリアルにわかるに違いない。

日本の女の子たちならなおさらだ。彼女たちの今の社会状況は、平等なはずの教育でも、女子が後回しにされたり4年制大学への進学はいまだに男子が上回っていたり（医学部入試ではなんと女子の得点が減点されていた！）。学校の外では少女を性的な対象として消費する視線に満ちていて、女子高生は痴漢のターゲットになる。

そういう中で、自分の尊厳や自由を大事にする感覚を持つのは容易ではない。本書の刊行によりそんな日本の女の子たちにも力強いメッセージを伝えることができると思うと嬉しい。

日本では本書は、「かつての」少女たちに手に取られることも多いだろう。それも素晴らしい。少女たちよりも知識は多くとも、少女たち以上に社会の中で軽んじられ尊厳を傷つけられる経験を持ち、それに慣れることで生き延びてきた女性たち。平等や人権という意味が、少女たちよりももっと、中身の無いハリボテのように感じられているかもしれない。

本書はそのイメージを大きく変えてくれる。

女性たちが求めてきた自由や人権とは、なにも政治的権利や労働・教育などの権利だけに限られた話ではなく、恋愛・結婚やセックス、妊娠中絶や避妊、健康や身体など、現在の女性たちがリアルに迷い、悩み、葛藤していることも大事な中身にほかならないことを本書は描き出している。

自由や人権が、自分の生活とは遠いところにあるように思える政治や法制度と地続きにあるのだ、と。自分たちの生き難さは150年前の女性たちの困難とつながっており、彼女たちはほんの少しだけ年上の仲間たち、姉妹たちなのだ、と。

以下、もう少し本書の内容に即して解説を加えておこう。

54〜55ページには、世界各国でいつ女性が参政権を獲得したか、ニュージーランドの1893年を先頭に、プラカードに掲げて女性たちが列を作って並んでいる。ニュージーランドやオーストラリアで早かったのは移民白人が先住民への支配権を確立するため白人女性にも参政権を与えたという事情もあるし、第一次世界大戦での女性の貢献が効果を持ったという手放しで評価するわけにはいかない歴史もあるが、ここに日本の女性がいないのはちょっと残念。

日本で女性が参政権を得たのは1945年、敗戦

による連合軍の占領によって新憲法が制定され男女平等が定められたことによるもので、戦争に負けたおかげの棚ぼたのようにも見える。

でも日本の女性たちも、財産の多寡にかかわらず男性に選挙権を付与する普通選挙法が議会を通過した1920年頃から、『青鞜』で知られる平塚らいてう（1886〜1971年）や、のちに参議院議員として活躍した市川房枝（1893〜1981年）らによって運動が始まっており、1925年には婦人参政権獲得同盟が結成されたのだが、日中戦争・太平洋戦争で中断せざるを得なかったのだ。日本でも女性たちの運動がしっかりと存在したことは銘記しておきたい。

女性参政権運動の中でも、イギリスで活躍したエメリン・パンクハーストらのサフラジェットの運動は、本書の中でもぜひ注目していただきたいところだ（42〜53ページ）。それまでの議会への請願活動などがまったく実を結ばないのに怒りを感じたエメリンは、過激な手法に出る。

彼女たちの合言葉は「言葉ではなく行動を」。

彼女たちがやった放火や破壊活動に、読者は眉を顰めるかもしれない。目的はどうあれ、やり方が間違っている、支持が得られるわけがない、と。その通り、サフラジェットたちの行動は官憲の厳しい取り締まりに遭っただけでなく、世間の非難も浴びた。しかし逆説的に、その大きな非難によって、女性に政治的権利をという主張を広く知らしめることとなり、それが運動の拡大につながったのでもある。

サフラジェットたちの運動は、近年映画化もされており（原題：Suffragette、2015年、英国、邦題『未来を花束にして』）、エメリン役のメリル・ストリープの演説は圧巻。この映画の予告編が劇場公開前にネット上で公開されたが、興味深いことにオリジナル版と日本版では少し違っていた。

オリジナルでは、ポストへの放火や、サフラジェットのメンバーである洗濯工場で働く主役のモードが、セクハラをしてくる工場の監督の手にジュッとアイロンを当てるシーンがあって強烈な印象を与えるのだが、日本語版の予告編ではこれらは削除されていた（本編では削除はない）。

こんな「過激」な描写は宣伝効果を下げるという日本の配給会社の判断だったのだろうが、「言葉でなく行動を」と闘った彼女たちが、もし、これを知れば残念に思うことだろう。

邦題自体、貧しく教育もない平凡な一女性に過ぎなかったモードが、子どもたちの未来のためにと運動に積極的に関与していくストーリーだから、「未来の花束」というのは的外れではないが、これでは女性参政権獲得のための激しい闘いの物語だとはわからないのも残念だった。ぜひ映画をご覧になるようおすすめしておく。

それから、本書のイラストについて一言。日本の読者は、洗練された線で「カワイイ」画風のマンガやアニメ画に慣れているから、本書のイラストは武骨でかわいくない、マンガなのに読みにくいと感じられるかもしれない。

でも、その抵抗感を横において、全編に描かれている、さまざまなタイプの女性たちの一画像一画像をじっくりと見てみてほしい。やたら目が大きいわけでもない、ピカピカの肌でもなく特別スリムでもない、ごく普通の、いろんな表情、体型、年齢の女性たち、そう、本当に私たち自身、私たちの周りにいる女性たちの姿が生き生きと描かれていると気づくはずだ。

ファッション雑誌や広告で目にする女性が極端にスリムなサイズで、女性たちの身体感覚を歪めているが、マンガも同じようなイメージに満ちているのが通例。でも、リアルな私たちは、本書の女性たちの姿のほうにずっと近い。本書のイラストもまた、女性の解放とエンパワーメントの一助になってくれるのではないだろうか。

日本にも、本書の女性たちと同じように闘いを続けてきた女性たちがたくさん存在している。彼女たちを付け加えた改訂版が、あるいは日本オリジナル版が、近い将来出版されることだろう。本書を手に取る少女たち・女性たちがきっとその仕事をしてくれるはず、楽しみに待ちたい。

■著者
文：マルタ・ブレーン（1976 年生まれ）

数々の作品を世に送り出しているノルウェーのノンフィクション作家。

ノルウェーの音楽シーンにおける男女の不均衡を扱った『女子とワインと歌』や、男女平等が進むノルウェーで現在起こっている揺り戻しについて書いた『生まれつきフェミニスト』などを発表。本作のイラストレーター、イェニー・ヨルダルとの共作には、ベストセラー『あなたが会うべき 60 人の女性』や、ノルウェーで文化省青少年向けノンフィクション賞に輝いた『エフ・ワード──フェミニストでいる 155 の理由』などがある。本作『ウーマン・イン・バトル』は、20 カ国以上で出版が決まっていて、2019 年ボローニャ・ラガッツィ賞優秀賞（ノンフィクションの部）や、ノルウェー文化省児童書賞最優秀賞を受賞。英国紙『ガーディアン』の記事でも、2018 年の最優良児童書の一つとして紹介された。

絵：イェニー・ヨルダル（1989 年生まれ）

数々の受賞歴があるノルウェーのイラストレーター、漫画家、グラフィックデザイナー、作家。

オスロ国立芸術大学卒業。環境教育漫画『緑』をはじめとして、多くの作品のイラストを手がけている。本作の著者、マルタ・ブレーンとは、『あなたが会うべき 60 人の女性』『エフ・ワード──フェミニストでいる 155 の理由』などの本を共作し、高い評価を得ている。

■訳者
枇谷　玲子（1980 年生まれ）

富山県生まれ。2003 年、デンマーク教育大学児童文学センターに留学。2005 年、大阪外国語大学（現大阪大学）卒業。在学中の 2005 年に翻訳家デビュー。北欧の書籍を翻訳紹介している。主な訳書に、『キュッパのはくぶつかん』（福音館書店）、『自分で考えよう──世界を知るための哲学入門』（晶文社）、『鈍感な世界に生きる敏感な人たち』（ディスカヴァー・トゥエンティワン）などがある。

装丁：宮越里子
ページレイアウト：CAPS

ウーマン・イン・バトル　　自由・平等・シスターフッド！

2019年7月20日　第1刷発行

著　者　マルタ・ブレーン＋イェニー・ヨルダル
訳　者　枇谷玲子
発行者　上野良治
発行所　合同出版株式会社
　　　　東京都千代田区神田神保町1-44
　　　　郵便番号 101-0051
　　　　電話 03（3294）3506　FAX 03（3294）3509
　　　　URL：http://www.godo-shuppan.co.jp
　　　　振替 00180-9-65422

印刷・製本　株式会社シナノ

■刊行図書リストを無料送呈いたします。
■落丁乱丁の際はお取り換えいたします。
本書を無断で複写・転訳載することは、法律で認められている場合を除き、
著作権及び出版社の権利の侵害になりますので、
その場合にはあらかじめ小社あてに許諾を求めてください。
ISBN978-4-7726-1395-8　NDC367　182×257
©Reiko Hidani, 2019

This translation has been published with
the finnancial support of NORLA.